Ogród Errola

Errol's GARDEN

KU-523-372

GILLIAN HIBBS

Polish translation by Jolanta Starek–Corile

Jestem naprawdę dobry w sadzeniu roślinek.

I'm really good at growing things.

Tak dobrze mi to idzie,
że w domu
zaczęło brakować
nam miejsca.

I'm so good at it that we started running out of room at home!

Chciałem mieć prawdziwy ogród.

What I really wanted was a real garden.

Długo marzyłem o swoim ogrodzie.

I dreamed about my garden a lot.

Aż pewnego dnia
zauważyłem coś,
czego nigdy
przedtem nie
widziałem.

Then one day,
I noticed something
I'd never seen
before.

Zawsze wydawało mi się,
że mieszkamy na ostatnim piętrze,
ale był jeszcze jeden przycisk...

I always thought that
we lived on the top floor,
but there was another button...

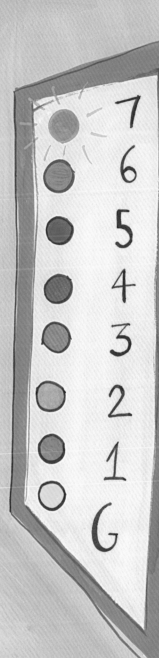

...i był też dach!

Nie mogłem uwierzyć,
że wcześniej tego nie
zauważyłem.

...and there was a roof!

I couldn't believe
I hadn't seen it before!

To było idealne
miejsce na ogród.

This was the perfect
spot for the garden.

Natychmiast powiedziałem o tym tacie i Tii.

I told Dad and Tia right away.

Przeczytaliśmy tyle,
ile się dało o ogrodach na dachu.

We learned as much as we could
about roof gardens.

Ale potrzebowaliśmy pomocy.
Na szczęście wszyscy byli podekscytowani tak samo jak i ja!

But we needed help.
Luckily, everyone else was just as excited as me!

Rozrysowaliśmy plan.

We made a plan.

Każdy miał przynieść coś innego.
I dobrze się złożyło...

Everyone had different things to bring...
which was good...

...bo było dużo różnych rzeczy do zrobienia.

...because there were lots of different things to do.

I tak jest cały czas!

Uwielbiam zbierać owoce i warzywa.

And there still are!

I love picking all the fruit and vegetables.

I naprawdę przepadam za marchewkami!

I really love carrots!

Ogrody to świetna
zabawa, bo cały
czas się zmieniają.

Gardens are fun because
they are always changing.

A co posadzimy w przyszłym roku?

So, what will we grow next year?

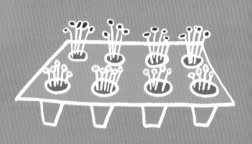